पैग़ाम है ये...

आज़ाद हो तो... आज़ाद दिखा करो...

सुरजीत कुमार

ISBN 978-93-5610-051-0
© Surjeet Kumar 2022
Published in India 2022 by Pencil

A brand of

One Point Six Technologies Pvt. Ltd.
123, Building J2, Shram Seva Premises,
Wadala Truck Terminal, Wadala (E)
Mumbai 400037, Maharashtra, INDIA
E connect@thepencilapp.com
W www.thepencilapp.com

Author biography

Surjeet is engaged in teaching for more than a decade, and writer by passion. He believes poems are the mode of expressions that bind the vision and emotions in wonderful phrases. Poems have an ability to decorate ambience along with infusing strength among people. whenever s/he feel lows not comfortable. He has been fond of writing on numerous topics such as emotional, empathy, inspirations, thrill, inspirational, loneliness, reflection, introspection and many more since his school days. He would like to amaze his readers by his writing style on contemporary topics. He is grateful to his readers and their opinions which supports him to enhance his capacity in writing poems.

CONTENTS

Acknowledgements

मैं सर्वशक्तिमान भगवान का आभारी हूँ जो मुझे सत्य लिखने के लिए प्रोत्साहित करते हैं। मैं अपने छोटे भाई अजीत का भी बहुत आभारी हूँ जिसने पुस्तक को अंतिम रूप देने में मेरी मदद की हैं । मैं अपने शिक्षकों , सुधा मैम, सरोज बाला मैम और रंजना मैम का आभारी हूँ जो हमेशा मुझे ज्वलंत विषयों पर लिखने का सुझाव देती रहती हैं और अपनी राय से मुझे प्रेरित करते हैं। मैं अपने छात्रों, रिश्तेदारों, पाठकों का भी बहुत आभारी हूँ, जिनके आलोचनात्मक विचार और सुझाव मेरी कविताओं को गौरवान्वित करने के लिए ईंधन के रूप में कार्य करते है|

लूट की छूट

लूट की है छूट अब,

लूटो जी भर के समाज।

भूल जाओ इस तथ्य को,

तुमसे ही बना है समाज,

राशन मे लूटो,

बिजली मे लूटो,

सुख सुविधाओं मे लूटो बेशुमार,

उस से भी अगर तृष्णा न मिटे,

सांस तक का करो व्यापार...

लूट की है छूट अब,

लूटो जी भर के समाज।

शिक्षा को बेचो,

सेवाओं की सेल लगा दो,

अपना व्यापार बढ़ाओ,

एक दूसरे की चिंता मत करो,

सिर्फ पैसों पर लगाओ ध्यान,

तुम्हें फ़िक्र क्या इन्सानियत की,

ये इंसान बना अब औज़ार...

औज़ारों से अपना काम निकवाओ,

बदलो पुराने रीती रिवाज़...

लूट की है छूट अब,

लूटो जी भर के समाज।

पर भूलना मत तुम इस बात को,

लूटे जाओगे तुम भी सरकार,

बचा खुद को ना पाओगे,

जब पड़ेगी कर्मों की मार,

चाह रोने की आह भरेगी,

कराहोगे सोच कर पिछले काज,

हाथ कुछ न आयेगा उस पल,

जमा किया हुआ नोटों का माल,

तभी कहता हूँ बदल जाओ अभी भी,

बचा लो ये सुंदर संसार,

लूट की छूट को छोड़ कर,

बाँटो बस खुशियाँ और प्यार..

लूट की है छूट अब,

लूटो जी भर के समाज।

एक चाह

यात्रा मेरी शुरू हुई

एक छोटे से गाँव से

बड़े शहर मे आ गया

बड़ो का हाथ थाम के

पढ़े लिख कर चार आखर सीखे

थे वो बड़े काम के

दया धर्म कर्म और मानवता

अपनाई बड़े शान से

लोभी धूर्त मूर्ख और कपटी

मिले मुझे हर मकाम पे

इनके दुर्गुणों से बचा मैं

सोच समझ और आत्मसम्मान से

चाहुँ छाना चहुँ दिस मैं

अपने सत्काम से

चाहुँ छाना चहुँ दिस मैं

अपने सत्काम से....

कोई सही वक़्त नही होता

हमारे जागने का कोई सही वक़्त नही होता,

जनाब ये वक़्त है जो कभी बे- वक़्त नही होता,

निकल पड़ता है जब अपनी धुन में मुसाफ़िर,

साथ कोई है ये नहीं उसे फ़र्क़ नही पड़ता।

हमारे सोने का कोई सही वक़्त नही होता,

क्या करें क्या नही जब तक प्रत्यक्ष नही होता,

उम्मीद जब जगने, लगे सुनहरे कल की,

फिर पलकें झपकाना भी, मंजूर नही होता।

हमारे रुकने का कोई सही वक़्त नही होता,

कहाँ ठहरें कहाँ नही कुछ स्पष्ट नही होता,

जब निगाहें गड़ा ही दी निशाने पर,

फिर रास्तों के पत्थरों से कोई ज़ख़्म नही होता।

हमारे कदम बढ़ाने का कोई सही वक़्त नही होता,

कितना चलें कितना नही कुछ चिन्हित नही होता,

जब दूर लगने लगे मंज़िल,

दिन- रात एक किये बिना कुछ हासिल नही होता।

हमारे बोलने का कोई कोई सही वक़्त नही होता,

कब क्या सवाल पूछ ले ज़माना कुछ ज्ञात नही होता,

जब ठान ही ली चुप करवाना है सबको,

फिर कुछ सही और कुछ गलत नही होता।

हमारे हँसने का कोई सही वक़्त नही होता,

कब कौन किस का मज़ाक उड़ा दे कुछ पता नही होता,

जब करनामे आपके बांटने लगे खुशियाँ,

पैग़ाम है ये...

इस एहसास का भी मज़ा कुछ काम नही होता।

हमारे रोने का कोई सही वक़्त नही होता,

कब यादें नम कर दे ये आँखें कभी जिक्र नही होता,

पर जब छलक आए खुशियों का पानी,

उस पल का भी कोई जवाब नही होता।

हमारे जागने का कोई सही वक़्त नही होता,

जनाब ये वक़्त है जो कभी बे- वक़्त नही होता,

संपूर्ण है तू

सिर्फ़ एक नही, संपूर्ण है तू...

क्यों कमज़ोर स्वयं को समझता है?

पवन का झोंका नही, तुफ़ान है तू

जो मदमस्त होकर चलता है

एक चिंगारी नही, ज्वाला है तू

जो दहक- दहक कर जलता है

एक बूँद नही, सागर है तू

जो नदियाँ पीकर भी, ना मचलता है

उस बिजली की टंकार है, तू

जिससे, आसमान का कलेजा फटता है

एक डाल नही, पूरा वृक्ष है तू

जो धरती को थामे, रखता है।

सिर्फ़ एक नही संपूर्ण है तू...

क्यों कमज़ोर स्वयं को समझता है?

एक पुष्प नही पूरा बाग है तू,

जिसके लिए बसंत तरसता है,

एक अनकही से बात है तू,

जिसे जानने को हुज़ूम जमता है,

एक लाख टके का जवाब है तू,

जिसके सामने सवाल ना टिकता है,

एक मार्ग नही मिसाल है तू,

जिसके साथ ज़माना चलता है,

एक दीप नही जुग्नुओं की कतार है तू,

जो रातों को जगमग करता है,

सिर्फ़ एक नही संपूर्ण है तू...

क्यों कमज़ोर स्वयं को समझता है?

एक शेर की दहाड़ है तू,

जिसकी आवाज़ से जंगल डरता है,

एक अदृश्य सी वेग है तू,

तेरी गती से कहाँ कोई चलता है,

ये चाँद नही सूरज है तू,

जो सौर मंडल मे उजाला करता है,

एक मंझा हुआ तैराक है तू,

जो लहरों पर कदम रखता है,

एक पृष्ठ नही पूरी किताब है तू,

समय जिसे हर क्षण पढ़ता है,

सिर्फ़ एक नही संपूर्ण है तू...

क्यों कमज़ोर स्वयं को समझता है?

रुका नही बस ठहरा है तू,

ये सिर्फ़ तू ही समझता है,

मौन नही बस चुप है तू,

मंथन गंभीर तू करता है,

एक निराला अंदाज़ है तू,

तेरे मुख पर तेज झलकता है,

उन लोगों की आवाज़ है तू,

जिनकी बात ना कोई सुनता है,

उस क्रांति का आग़ाज़ है तू,

जिसे लाने से हर कोई डरता है,

सिर्फ़ एक नही संपूर्ण है तू...

क्यों कमज़ोर स्वयं को समझता है?

आओ मनाये जश्न -ऐ-आज़ादी

आओ मनाये जश्न -ऐ-आज़ादी,

मुँह से कुछ न बोल कर,

अपनी आँखें मूँद कर,

बहुत कुछ गलत होते देख कर ।

नशा चढ़ा है ताक़त का इनको,

सत्ता की गद्दी पर बैठ कर,

उसूलों की कमर तोड़ कर,

वादे अपने भूल कर ।

आओ मनाये जश्न -ऐ-आज़ादी,

मुँह से कुछ न बोल कर...

बाँध दिए है हाथ कानून के,

संसद का दरवाज़ा खोल कर,

न्याय पर कुंडली मार कर,

अन्याय के घोड़े हाँक कर ।

आओ मनाये जश्न -ऐ-आज़ादी,

मुँह से कुछ न बोल कर...

खींच रहे है वो लकीरें,

धर्म की चादर ओढ़ कर,

मंदिर मस्जिद तोड़ कर,

अल्लाह राम बोल कर ।

आओ मनाये जश्न -ऐ-आज़ादी,

मुँह से कुछ न बोल कर।

लूट मची है बाजारों मे,

सरकारी मंडियाँ खोल कर,

जेबों मे डाका डाल कर,

खून पसीना चूस कर।

आओ मनाये जश्न -ऐ-आज़ादी,

मुँह से कुछ न बोल कर ।

।

बाँट रहे है ज्ञान कुछ बड़ ज्ञानी,

भ्रम की पोटली खोल कर,

समाचार सब गोल कर,

प्रचार का व्यापार कर कर।

आओ मनाये जश्न -ऐ-आज़ादी,

मुँह से कुछ न बोल कर।

अनदेखा सा डर है सबको,

ज़ालिम का इतिहास पढ़ कर,

कहानियाँ ज़ुल्म की सुन कर,

जलती लाशे देख कर ।

आओ मनाये जश्न -ऐ-आज़ादी,

मुँह से कुछ न बोल कर ।

हमने ही तो दी थी ताकत इनको,

अपना इनको मान कर,

झांसों मे इनकी फस कर,

बगुलों को हंस समझ कर ।

आओ मनाये जश्न -ऐ-आज़ादी,

मुँह से कुछ न बोल कर ।

अब देंगे जवाब इन सब को,

तख़्ता सत्ताधीश का पलट कर,

सच का दामन पकड़ कर,

इतिहास नया लिख कर ।

आओ मनाये जश्न -ऐ-आज़ादी,

मुँह से कुछ न बोल कर ।

सच क्या है

आज किसी ने पूछा हमसे

बताओ हमें ये सच क्या है?

सोच मे हम भी पड़ी गये

अब समझाए तो समझाए क्या ?

कुछ इस तरह बताया उन्हें

हमारे लिए सच है आखिर क्या !

सच वही जो सदा रहे,

सच वही जो अड़ा रहे,

सच वही जो डटा रहे,

सच वही जो सही रहे।

सच तो एक संगीत है,

सच तो एक मीत है,

सच तो एक प्रीत है,

सच तो एक रीत है ।

सच ही सबका वजूद है,

सच ही सबका महबूब है,

सच ही सबका मान है,

सच ही सबका अभिमान है ।

सच मना ले रूठों को,

सच सजा दे झूठों को,

सच दे दे कभी गहरे घाव,

सच ना करे कभी मोल और भाव ।

सच मंथन का ज़रिया है,

सच गहरी सी नदियाँ है,

सच हर ले सभी विषय विकार,

सच कर दे सपने साकार ।

सच ईश्वर का रूप है,

सच से छांव और धूप है,

सच कहूँ तो यही सच है,

सच मे ही वो बात है,

जिस से हम सब साथ है ।

आज़ाद दिखा करो

आज़ाद हो तो... आज़ाद दिखा करो...

क्यों बोलते हो दूसरो की ज़ुबान ?

अपने विचार रखा करो

हवा के साथ तो कागज़ की नाव लग जाती है पार,

सैलाबों पर कश्ती चलाया करो,

किस से डरते हो इस मिटने वाले ज़माने मे,

शेरों की तरह जिया करो ।

आज़ाद हो तो... आज़ाद दिखा करो...

सुन ली है औरों की बातें बहुत,

कभी अपनी बात भी कहा करो,

हाथों पर हाथ रखने से क्या मिलेगा,

कदम से कदम मिला कर चला करो,

जब तक साँसे चल रही है तुम्हारी,

जिंदादिली से जिया करो,

आज़ाद हो तो… आज़ाद दिखा करो…

आँखें खोल कर क्यों सोते हो,

नज़रें बंद कर के भी सब देखा करो,

खज़ाने होने लगे है खाली,

कभी जवाब भी माँगा करो,

सच पर लगाया जा रहा है पर्दा,

झूठों को बे-नक़ाब किया करो ।

आज़ाद हो तो… आज़ाद दिखा करो…

अगर रोके कोई, तुम्हारे बढ़ते हुए कदम,

निगाहों मे भरे तूफ़ान से जवाब दिया करो,

ऊँचा सुनने लगे अगर दुश्मन,

गहरे घावो से उसे चेताया करो,

कब तक पीते रहोगे अपमान के घूँट,

आत्मसम्मान के लिए लड़ा करो ।

आज़ाद हो तो… आज़ाद दिखा करो…

जब कोई ना दे साथ तुम्हारा,

अकेले ही रास्ते तय किया करो,

टूटने लगे जब बची हुई हिम्मत,

थोड़ा आराम कर लिया करो,

रातें जब लगने लगे काली,

मशालों का सहारा लिया करो ।

आज़ाद हो तो... आज़ाद दिखा करो...

अनेक कुर्बानियों से मिली है ये आज़ादी,

इसकी कद्र किया करो,

क्यों नाचते हो औरों की धुन पर,

अपनी धुन मे रमा करो,

बे - ताल हो रही महफिलों से,

दूरी बना कर रखा करो ।

आज़ाद हो तो... आज़ाद दिखा करो...

आने वाले कल को जरूरत है तुम्हारी,

काबिलियत खुद मे रखा करो,

कर्ज बहुत है तुम पर धरती का,

इस मिट्टी से तिलक किया करो,

देख रहा है तुम को ज़माना,

ज़माने पर भी नज़र रखा करो ।

आज़ाद हो तो... आज़ाद दिखा करो...

क्यों बोलते हो दूसरो की ज़ुबान ?

अपने विचार रखा करो

चलो ! कुछ करते है

चलो ! अब कुछ नया सा करते है

राजनीती

बमबारी

इल्ज़ाम बाज़ी कर ली बहुत

और चैन की शुरुवात करते है ।

चलो ! अब कुछ हट कर ढूँढते है

चाँद को

तारों को

बहुत

अब सिर्फ़ खुद को ढूँढने की कोशिश करते है ।

चलो ! अब कुछ ख़्वाइश करते है,

दोस्तों को,

रिश्तेदारों को,

जानकारों को अपना बना लिया बहुत,

अब सिर्फ़ दुश्मनो को गले लगाने की ज़ुर्रत करते है ।

चलो ! अब कुछ मज़ेदार सा करते है,

नाच कर,

गा कर,

खेल कर देख लिया बहुत,

अब सिर्फ़ उतार चढ़ाव में जीने की हिम्मत करते है ।

चलो ! अब कुछ लिखने की तकलीफ करते है,

खुशियों को,

गमों को,

मस्तियों को लिख लिया बहुत,

अब सिर्फ़ सच लिखने की पहल करते है ।

चलो ! अब कुछ पाने की इच्छा करते है

मंज़िलों को,

आसमानों को,

ऊँचाइयों को,

छू लिया बहुत,

अब सिर्फ़ ईश्वर से मिलने की प्रार्थना करते है ।

सुना है

सुना है ! आप सब ने,

चाँद देखा,

सितारे देखे,

बाग देखा,

बहारे देखी,

हुज़ूर कभी खुद को भी देखा कीजिये ।

सुना है ! आप सब ने,

गीत सुना,

संगीत सुना,

राग सुना,

रागिनी सुनी,

जनाब कभी दूसरों की भी सुना कीजिये ।

सुना है ! आप सब ने,

मकान बनाये,

दुकान बनाई,

महल बनाये,

इमारतें बनाई,

मालिक कभी घर भी बनाया कीजिये ।

सुना है ! आप सब ने,

चाय पी,

ठंडा पिया,

कॉफी पी,

फलों का रस पिया,

दोस्त कभी गुस्सा भी पिया कीजिये ।

सुना है ! आप सब ने,

जंग जीती,

ज़माने जीते,

खिताब जीती,

पुरस्कार जीते,

मेरे अज़ीज़ कभी दिलों को भी जीता कीजिये ।

सुना है ! आप सब ने,

महफिलें सजाई,

जलसे सजाये,

मंदिर सजाई,

मस्ज़िद सजाये,

बन्धु कभी ज़िन्दगी भी सजाया कीजिये ।

पैग़ाम है ये...

पानी नही... पैग़ाम है ये,

आप सब के ही नाम है ये,

ये जो नाज़ुक से,

कोमल सी,

प्यारी सी लग रही है रिमझिम,

अपने भीतर छुपाये तूफान है ये ।

समुंदर कितना... शानदार है ये,

कर रहा सुकून से आराम है ये,

ये जो खोया सा,

थोड़ा सोया सा,

और ठहरा सा लग रहा है इसका पानी,

मीलों तक उठने वाला ऊफान है ये ।

हवा कहीं... गुमनाम है ये,

छुपाये हुए अपनी पहचान है ये,

ये जो अन्छुई सी,

अदृश्य सी,

बेहोश सी लग रही है इसकी ख़ामोशी,

स्वयं मे छुपाये बवंडर तमाम है ये ।

घड़ी बिलकुल... बेजान है ये,

पर कुछ कहती हर बार है ये,

ये जो बिना थके चलती सी,

हर पल बदलती सी,

घूम रही है इसकी सुईयाँ,

निरन्तर आगे बढ़ने का देती पैग़ाम है ये ।

बिकती हुई दुकान मे

बिताये दिन कितने मैंने,

लोगो की पहचान मे,

बनाये रिश्ते कितने मैंने,

इस मतलबी जहान मे,

पाये कितने गम मैंने,

अपने अधरो कि मुस्कान मे,

छुपाये कितने राज़ मैंने,

अपने दिल ऐ नादान मे,

लगवाये कितने घाव मैंने,

अपने नाज़ुक हाथ और पांव मे,

खिलाये कितने फूल मैंने,

बंज्जर धरती और रेगिस्तान मे,

डटा हूँ अपने ईमान पर आज भी,

इस बिकती हुई दुकान मे !

बंज्जर धरती और रेगिस्तान मे,

डटा हूँ अपने ईमान पर आज भी,

ढूँढ रहा था मैं खुद को

ढूँढ रहा था मैं खुद को,

औरों की मीठी बातों मे,

कुछ उनके झूठे दिलासो मे,

कभी सच्ची से लगती आसो मे ।

पहचान रहा था मैं सबको,

जो साथ थे मेरी बातों मे,

कुछ पल की मुलाकातों मे,

कभी बरसो की सौगातों मे ।

जान रहे थे वो भी मुझे,

बस यूँ ही सवालातों मे,

कुछ मेरे जस्बातों मे,

कभी उनके ख्यालातों मे ।

गुज़र रहे थे दिन ये सभी,

सर्दी गर्मी बरसातों मे,

कभी आते-जाते लम्हों मे,

कभी सोती-जागती रातों मे।

पाया मैंने खुद को तभी,

जब झाँका भीतर एकांतो मे,

कुछ बिखरे पड़े से पन्नो मे,

कभी अपने साथ ही द्वंदो मे ।

ढूँढ रहा था मैं खुद को,

औरों की मीठी बातों मे ।

कुछ उनके झूठे दिलासो मे

कभी सच्ची से लगती आसो मे

यकीन मानो

मुस्कुरा - मुस्कुरा कर मिला करो,

जलने वालों से ज़माने मे,

यकीन मानो,

बड़ा मजा आता है उन्हें जलाने मे ।

नजरंदाज कर दिया करो,

कभी गलतियाँ रिश्ते बचाने मे,

अच्छा लगता है,

अपनो को करीब लाने मे ।

लगे हुए है चंद लोग,

इधर की उधर लगाने मे,

पता नहीं क्या मिलता है,

दोस्तों को आपस में लड़वाने मे ।

मिला करो कभी,

अपनों से आने जाने मे,

जान जाओगे,क्या सब लग जाता है

रिश्ते निभाए जाने में ।

सुना करो मौसम का संगीत,

तकिया लगाए सिरहाने मे,

बहुत सुकून है,आँखें बंद कर के

इसकी धुनों में खो जाने मे ।

चला करो कभी अकेले,

नए रास्तों पर अनजाने मे,

पता चल जायेगा,

पैग़ाम है ये...

कितनी हिम्मत चाहिए कदम बढ़ाने मे ।

देखा करो हवा का रुख,

नज़र गड़ाए दूर तलक वीराने मे,

सब नज़र आयेगा,किसका हाथ है,

नींव हिलाए जाने मे ।

भारी ना किया करो दिल,

गिर कर चोट खाने मे,

तैयार करो खुद को,

पर्वत को राई बनाने मे ।

उठाओ कभी जाम,

हमारे पैमाने से दो घुट लगाने मे,

यकीन मानो,

हर मर्ज़ की दवा है मयखाने मे ।

लाख बनाम दो

हो लाख बुराईयाँ मुझमें भले,

पर ये दो अच्छाई है,

ना दिल किसी का तोड़ा कभी,

ना आग कहीं लगाई है ।

लगाए लाख रंग हो मैंने भले,

पर दो रंगो से छाप बनाई है,

ना रंगहीन किसी को किया कभी,

ना बे - रंग सी ज़िन्दगी बिताई है ।

सुनी लाख बातें हो मैंने भले,

पर दो बातें सुनाई है,

ना गलत किसी को कहा कभी,

ना गलत बात पर हामी भरवाई है ।

बोले लाख झूठ हो मैंने भले,

पर ये दो सच्चाई है,

ना नुकसान किसी का किया कभी,

ना पाप की मेरी कमाई है ।

अपनाये लाख सिद्धांत हो मैंने भले,

पर दो सिद्धांतो की लड़ाई है,

ना अपनी बातों से मुकरना कभी,

ना मुकरी बातों पर बहस करवाई है ।

पढ़ी लाख कहावतें हो मैंने भले,

पर दो कहावतें अपनाई है,

ना झूठ के पांव थे कभी,

ना सच ने नज़रे झुकाई है ।

देखे लाख नज़ारे हो मैंने भले,

पर दो नज़ारों से आँखें भर आई है,

ना मालिक के दर से प्यारी जगह कोई,

ना रहम बिना उसकी साँसे चल पाई है ।

एक साल अभी-अभी गया है

एक साल अभी-अभी गया है,

एक साल ये भी जायेगा,

कुछ किस्से सुनाए थे उसने,

कुछ कहानियाँ ये भी सुनायेगा।

कई पलों में उसने हँसाया था,

कई पलों में ये भी गुदगुदायेगा,

अनेक राज़ खोले थे उसने,

कई भेद ये भी खोल जायेगा।

एक साल अभी-अभी गया है,

एक साल ये भी जायेगा।

कुछ संगीत सुनाये थे उसने,

कई नग्में ये भी सुनायेगा,

सुंदर ख़्वाब दिखाए थे उसने,

हसीन सपने ये भी दिखायेगा,

कई रास्ते खोजे थे उसमें,

नई मंजिले ये दे जायेगा ।

एक साल अभी-अभी गया है,

एक साल ये भी जायेगा ।

काली सियाह सी जो रातें थी उसमें,

ये जुगनुओं से सजायेगा,

आसमां जो बे-रंग से था उसमें,

ये सात रंगो से चमकायेगा,

औरों की नज़र से देखा था अब तक,

ये साल अपना नज़रिया दे जायेगा ।

एक साल अभी-अभी गया है,

एक साल ये भी जायेगा ।

अनेक रिश्ते बनाए थे उसमें,

जो ये साल निभायेगा,

ज़ख़्म मिले थे जो उसमें,

मरहम ये लगायेगा,

कुछ नकाबपोशों से मिले थे हम,

ये साल बे-नक़ाब उन्हें कर जायेगा ।

एक साल अभी अभी गया है,

एक साल ये भी जायेगा।

चंद पंक्तियाँ लिखी थी उसमें,

पूरी किताब ये लिखवायेगा,

हज़ारों बातें सिखाई थी उसने,

लाखों शिक्षायें ये से जायेगा,

बेहतरीन यादें उस साल ने दी है हमें,

नायाब लम्हें ये साल दे जायेगा ।

एक साल अभी अभी गया है,

एक साल ये भी जायेगा ।

ओछे लाँछन उम्दा जवाब

जब किसी ने कहा हम से,

काणे राजा हो तुम अंधों के,

आधी जल भारी गगरी तुम,

मेंढ़क हो गोल दीवारों के ।

तब उन्हे बताया हमने,

अंधों को ज़रुरत काणों की,

रहती है राह बताने को,

सुना ठीक ही है हमने,

तुम लगाते हो चश्मा कदम बढ़ाने को ।

आधी जल भारी गगरी से,

प्यास बुझाते हम औरों की भी,

खाली गगरी भी काम मे आती है,

मंदिर में जल चढ़ाने को ।

मेंढ़क तो जहान मे हर कोई है,

खुद धरती ठहरी गोल यहाँ,

चार दीवारी में रहने वालो,

तुम्हें क्या पता आसमान कहाँ?

अब किसी को ना कहना कभी,

काणे राजा हो तुम अंधों के,

आधी जल भारी गगरी तुम,

मेंढक हो गोल दीवारों के।

मेरा एक प्रश्न है

विश्व पूरा दंग है,

कौन सी जंग है,

कौन सा ये रंग है,

जो हुए सब बे-रंग है ।

सीमायें आज बंद है,

समस्याये प्रचंड है,

उन लोगों का अब क्या करे ?

जो बने फिर रहे मलंग है ।

अमीर आज तंग है,

गरीब कटी पतंग है,

हवा कहीं है बन रही,

दो धर्मो में द्वन्द ।

चित्त मेरा प्रसन्न है,

पशु पक्षी स्वच्छंद है,

आकाश जो था धुमिल हुआ,

दमक रहा इसका वर्ण है ।

इसमें ना कोई प्रपंच,

तैयार एक मंच है,

उपचार इसका ढूँढ़ने को,

सब एक हुए अविलंब है ।

अब मेरा एक प्रश्न है,

विश्व के जो अन्य दंश है,

गरीबी- भ्रष्टचार से हर समाज अपंग है,

इन सबके उन्मूलन मे,

क्यों सदियों से गती मंद है?

कभी ख़ुद से बातें किया करो

दूसरों से तो बतियाते हो,

कभी ख़ुद से बातें किया करो,

औरों का हाल तो पूछते हो,

कभी ख़ुद की खबर भी लिया करो,

रिश्ते रखे है दुनियाँ से,

कभी ख़ुद से रिश्ता निभाया करो,

कमियाँ जो दिखती है सब मे,

कभी भीतर की सैर भी किया करो ।

सोई हुई इस बस्ती मे

एक रात जाग कर देखा करो,

जगाने की जो सोची है दुनियाँ को,

कभी अपनी नींद बेच कर देखा करो ।

चैन ढूँढते हो ज़माने मे,

सपनों मे खो कर देखा करो,

क्यों देखते हो खुद को औरों मे,

अपनी हस्ती बना कर देखा करो ।

दूसरों से तो बतियाते हो,

कभी खुद से बातें किया करो ।

चेतावनी

बिजली बहुत चमकती है,

कहो इसे....इतना ना चमका करे,

गुस्सा भी बहुत आता है इसे,

कहो... इतना गुस्सा ना किया करे,

सोचती है हम डर जाएंगे,

कहो.... इतना ना सोचा करे,

और कहो इसे....,!

अगर हम गरज पड़े,

तो आवाज़ दब जाएगी इसकी,

इसलिए इतना ना कड़का करे,

बिजली बहुत चमकती है,

कहो इसे....इतना ना चमका करे ।

अच्छा लगता है

जब हम अपनी खुशियों से पहले,

औरों के गम कम करने को पहल करते है,

तब अच्छा लगता है...

जब हम अपनी बात मनवाने से पहले,

दूसरों का पक्ष समझने की कोशिश करते है,

तब अच्छा लगता है...

दोस्त तो आपकी तारीफ करते ही है,

पर जब दुश्मन भी आपकी प्रशंसा करते है,

तब अच्छा लगता है...

बच्चों को तो बड़ों की बात माननी पड़ती है,

पर जब बड़े बच्चों की ज़िद पूरी करने लगते है,

तब अच्छा लगता है...

मेधावी छात्रों के अच्छे अंक आते ही है,

पर जब कमज़ोर विद्यार्थी बाज़ी मार जाते है,

तब अच्छा लगता है...

व्यापारी वर्ग मुनाफे के लिए काम करते है,

पर जब वो समाज के लिए कदम आगे बढ़ाते है,

तब अच्छा लगता है...

अपनी जीत पर तो सब जश्न मनाते ही है,

पर जब हम हार को सहर्ष स्वीकारते है,

तब अच्छा लगता है...

जब इंसान, इंसान के साथ नहीं बल्कि,

इंसानियत के लिए एक साथ होकर लड़ता है,

तब अच्छा लगता है..

इज़हार- ऐ - मोहब्बत तो आँखों से बयां होती ही है,

पर जब इकरार- ऐ -इश्क़ साँसों की धीमी रफ्तार से हो,

तब अच्छा लगता है...

कड़वे सच

पूर्णिमा के चमकते चाँद को वो,

अमावस मे ढूँढने जाते है,

मरहम कहाँ मिलेगा उनके पास ?

जो ज़ख्मों पर नमक लागते है !

इस धरा को गोल बता कर वो,

बातें गोल गोल कर जाते है,

तारे क्या चमकेंगे रातो में ?

यहाँ सूरज को ग्रहण लगाते है !

जंगल की मनोहर हरियाली को वो,

काट- काट कर शहर बसाते है,

नदियाँ क्या निखरेंगी कंचन सी ?

यहाँ सागर तक दूषित कर जाते है !

जड़े जमी हुई देख कर वो,

आरी से शाखाएँ गिराते है,

ईर्षा की अगन मे जलते हुए,

नफ़रत की ज्वाला भड़काते है !

बहार का नज़ारा दिखा कर वो,

पतझड़ सा मौसम ले आते है,

मुस्कुराना था जिन बातों पर,

वहाँ मुँह फुला कर बैठ जाते है !

खिली हुई कलियाँ देख कर वो,

उपवन को नज़र लगाते है,

हाथ बढ़ा कर दोस्ती का,

ख़ंज्ज़र पर धार चढ़ाते है !

फागुन के मस्त महीने में वो,

गुमसुम दिल-रात बिताते है,

उनसे भले तो हम ठहरे जनाब,

जो विरह मे भी ठहाके लगाते है ?

सावन की बरसती रिमझिम में वो,

बन्द कमरों मे वो चुस्कियाँ लगाते है,

गमों से झलकते आँससुओं को भी,

घड़ियाली आँसू बताते है !

राजा मंत्री बने हुए वो,

समाज को टुकड़ों में बाँटते जाते है,

हम भी कितने समझदार हुए,

जो इनकी बातों में आ जाते है !

खुद ही मार्ग तैयार करो

कोई साथ तुम्हारे हो ना हो,

तुम तो खुद के पास रहो,

कोई तुम्हे समझे ना समझे,

तुम तो खुद को समझा करो,

कब तक कोई तुम्हें टोकेगा ?

तुम खुद को टोकते रहा करो,

कोई रास्ता जब ना दिखाये तुम्हे,

खुद ही मार्ग तैयार करो...

चुनौती दे अगर कोई तुम्हें,

सहर्ष उसे स्वीकार करो,

किया है इंतज़ार सही वक़्त का बहुत,

साहस अब मेरे यार करो,

नीचा दिखाये जब कोई तुम्हें,

उनको मुँह तोड़ जवाब दिया करो ।

कोई रास्ता जब ना दिखाये तुम्हे,

खुद ही मार्ग तैयार करो...

क्यों थके -थके से लगते हो तुम,

यूँ ना विश्राम किया करो,

क्यों धीमे -धीमे कदम बढ़ाते हो तुम,

दो कदम बस झटकार चलो,

ये अंधेरा घना जो छाया है,

जुग्नु बन इसको पार करो ।

कोई रास्ता जब ना दिखाये तुम्हे,

खुद ही मार्ग तैयार करो...

एक सपना लिए अपनी आँखों मे,

रुपरेखा बना कर आगे बढ़ो,

दिन -रात -सुबह और शाम क्या,

आठों पहर बस तैयारी करो,

जब तक मिले ना सफलता तुम्हें,

नये तरीकों से प्रयोग करो ।

कोई रास्ता जब ना दिखाये तुम्हे,

खुद ही मार्ग तैयार करो..

एक सूरज उगाना हैं तुमने रातों मे,

तापमान देख ना घबराया करो,

तपने लगे जब ये धरा,

अंबर से पानी बरसवाया करो,

पुरुषार्थ दिखा इस दुनियाँ में,

अपना परचम लहराया करो ।

कोई रास्ता जब ना दिखाये तुम्हे,

खुद ही मार्ग तैयार करो...

जब किसी रोज़

जब किसी रोज़ शाम को सवेरा होगा,

मानो ना मानो वही पल तेरा होगा,

उस रात चमकेगा सूरज अँधेरों मे,

भटकी हुई कश्ती को मिल रहा किनारा होगा,

उसी क्षण मिलेंगे नदी के दो तीर,

जब पानी ऊफान पर आ रहा होगा,

जब साँसे थम जायेगी मेरी और तुम्हारी,

ये ज़माना ना मेरा होगा ना तुम्हारा होगा ।

ये जो गुरूर है तुम्हें तुम्हारे ओहदे पर,

पलक झपकते ही किसी और का होगा,

और टूट जाओगे भीतर से तुम भी,

जब सपनों का मकान ढह रहा होगा।

आज ही लगा लो चार ठहाके खुल कर,

क्या पता कल कैसा मंज़र होगा,

कर लो कुछ बातें शहद भरी आज,

ना जाने कल दोनों के हाथों मे,

नफ़रत का ख़ंज्ज़र होगा ।

निकल आए है बहुत दूर तक आगे,

अब कहाँ पीछे मुड़ने का जिक्र होगा,

जो भी होगा देखेंगे आगे,

बस यकीं है इतिहास के पन्नों पर,

अपना नाम भी कभी जवाँ होगा ।

आँखें मूँद कर के देखा

जब मैं मंदिर गया,

राम से मिलने, श्याम से मिलने,

मुझे वहाँ,

पंडित मिले,

पुजारी मिले,

भगवाधारी मिले,

पर ना जाने क्यों भक्त नही मिले !

जब मैं मस्जिद गया,

अल्लाह से मिलने, खुदा से मिलने,

मुझे वहाँ,

फ़रियादी मिले,

क़ाज़ी मिले,

फ़क़ीर मिले,

पर ना जाने क्यों नमाज़ी नही मिले !

जब मैं गिरिजाघर गया,

ईशु से मिलने, जीसस से मिलने,

मुझे वहाँ,

फादर मिले,

सिस्टर मिली,

पॉप मिले,

पर ना जाने क्यों प्रार्थी नही मिले !

जब मैं गुरूद्वारे गया,

बाबाजी से मिलने, गुरूजी से मिलने,

मुझे वहाँ,

बीबीजी मिली,

भैयाजी मिले,

रागी मिले,

पर ना जाने क्यों साध संगत नही मिली !

अंत में जब मैं स्वयं के साथ,

एकांत में बैठा, और आँखें मूँद कर के देखा,

तब मुझे,

राम- श्याम- ईशु- अल्लाह -बाबाजी,

सब एक साथ मेरे पास ही मिले ।

इतिहास बना भी दीजिये

मार्ग अब प्रशस्त है,

कदम बढ़ा भी दीजिये,

सोचिए ना और कुछ,

इतिहास बना भी दीजिये ।

स्वीकारिए यथार्थ को,

व्यर्थ विलाप ना कीजिये,

विजय की अलाप से,

जयघोष नाद फूंकिए,,

पथ भले पथरीले हो,

साहस से काज लीजिये ।

पर्वत भले हठीले हो,

दर्रा बना के चीरिये,

वनराज खड़ा हो मार्ग मे,

कटार से हटाइये,

लहरों की सुनामी बढ़ रही,

तैर कर पार कीजिये,

तूफ़ान जो आए सामने,

ज़रा ना घबराईये,

कड़क रही है बिजलियाँ,

अपनी गरज तो सुनाईये,

आशा की मशाल से नया सवेरा लाईये ।

मार्ग अब प्रशस्त है,

कदम बढ़ा भी दीजिये,

सोचिये ना और कुछ,

इतिहास बना भी दीजिये ।

पल

इस पल भर की ज़िंदगानी मे,

हर पल को जी तू जी भर के,

हर क्षण हर पल से कहता रहे,

रस भर हर पल मे जी भर के,

हर पल हर पल की गाथा कहे,

बने कहानी हर पल मे,

हर क्षण हर पल मे मस्ती दिखे,

खिले ज़िंदगानी हर पल मे,

कल के पल की चिंता ना कर,

ना कर तू फ़िक्र अगले पल की,

हर पल की खुशी को निचोड़ ले तू,

ना रहे गम किसी पल मे,

हर पल मे तू कुछ ऐसा कर,

मिले सलामी अगले पल मे,

हर पल खुशियों को बिखेर दे तू,

दूसरों की जिंदगानी मे,

अपने गमों की तू परवाह ना कर,

बाँट गम औरों के हर पल मे,

उन बीते पलों को तू याद ना कर,

जिन पलो ने रुलाया पल भर के लिए,

उन पलो का आगाज़ तू कर,

जिस ने जीना सिखाया हर पल मे,

अपने पलो को खुद तू सज़ा,

आये मज़ा फिर हर पल मे,

हर पल झूमता गाता रह,

आनंद मिले फिर हर पल मे,

इस पल भर की ज़िंदगानी मे,

हर पल को जी तू जी भर के ।

एक सपना

हमारा तो एक सपना है,

सारा जहान ही अपना है...

हम सब रहते खुश यहाँ,

खिलते है गुल सुंदर कलियाँ,

हम बसते है आपस में,

भेद भाव नही हमारे मन में,

सब से नाते निभाते हम,

हर पत्थर पर पुष्प खिलाते हम,

हमारी अपनी दुनियाँ है,

जिसमें सुंदर परियाँ है,

हमारा तो एक सपना है,

सारा जहान ही अपना है...

इस जहान के छोटे से गाँव है हम,

कर्तव्य हमारा उज्ज्वल कल,

घृणा हमारे पास नही,

तृष्णा हमारे साथ नही,

हमें किसी से आस नही,

नही किसी से डरते हम,

\प्रेम सभी को करते हम,

हम ऐसे जैसे निर्मल जल,

जल का काम तो मिलना है,

हमें अब सबसे जुड़ना है,

हमारा तो एक सपना है,

सारा जहान ही अपना है…

मिलजुल कर एक हो जाना है,

हमें आसमान झुकाना है,

उसे भी हम झुकायेंगे,

भास्कर से नैन मिलायेंगे,

देखेंगे कौन अब आता है,

जो हम से टकराता है,

वो भी हमारा हो जायेगा,

जब हमें जान जायेगा,

शांति के तो प्यारे हम,

पर काम नहीं है हम मे बल,

हमने नया युग लाना है,

ये हमने अब ठाना है,

हमारा तो एक सपना है,

सारा जहान ही अपना है...